Y0-AZG-079

Tadpole Books are published by Jump!, 5357 Penn Avenue South, Minneapolis, MN 55419, www.jumplibrary.com

Copyright ©2020 Jump. International copyright reserved in all countries. No part of this book may be reproduced in any form without written permission from the publisher.

Editor: Jenna Trnka **Designer:** Anna Peterson **Translator:** Annette Granat

Photo Credits: Eric Isselee/Shutterstock, cover, 1, 2tr, 2bl, 4–5; KeithSzafranski/iStock, 3; Geoffrey Kuchera/Shutterstock, 2ml, 6–7; Edwin Butter/Shutterstock, 2mr, 8–9; Danita Delmont/Shutterstock, 2br, 10–11; AEWD/Alamy, 2tl, 12–13; Collins93/Shutterstock, 14–15; Landshark1/Shutterstock, 16.

Library of Congress Cataloging-in-Publication Data
Names: Nilsen, Genevieve, author.
Title: Los mapaches / Genevieve Nilsen.
Other titles: Raccoons. Spanish
Description: Tadpole books edition. | Minneapolis, MN: Jump!, Inc., (2020) | Series: Animales en tu jardín | Includes index. | Audience: Ages 3–6
Identifiers: LCCN 2019041584 (print) | LCCN 2019041585 (ebook) | ISBN 9781645272731 (hardcover) | ISBN 9781645272748 (paperback) | ISBN 9781645272755 (ebook)
Subjects: LCSH: Raccoon—Juvenile literature.
Classification: LCC QL737.C26 N5618 2020 (print) | LCC QL737.C26 (ebook) | DDC 599.76/32—dc23

ANIMALES EN TU JARDÍN

LOS MAPACHES

por Genevieve Nilsen

TABLA DE CONTENIDO

Palabras a saber......................2

Los mapaches.......................3

¡Repasemos!........................16

Índice..............................16

tadpole
en español

PALABRAS A SABER

duerme

máscara

nada

patas

pelusa

sube

LOS MAPACHES

Este mapache toma agua.

Su pelusa es gris con negro.

máscara

Parece como si tuviera una máscara.

Él nada.

Busca comida.

Come con sus patas.

dedo

¿Ves sus dedos?

9

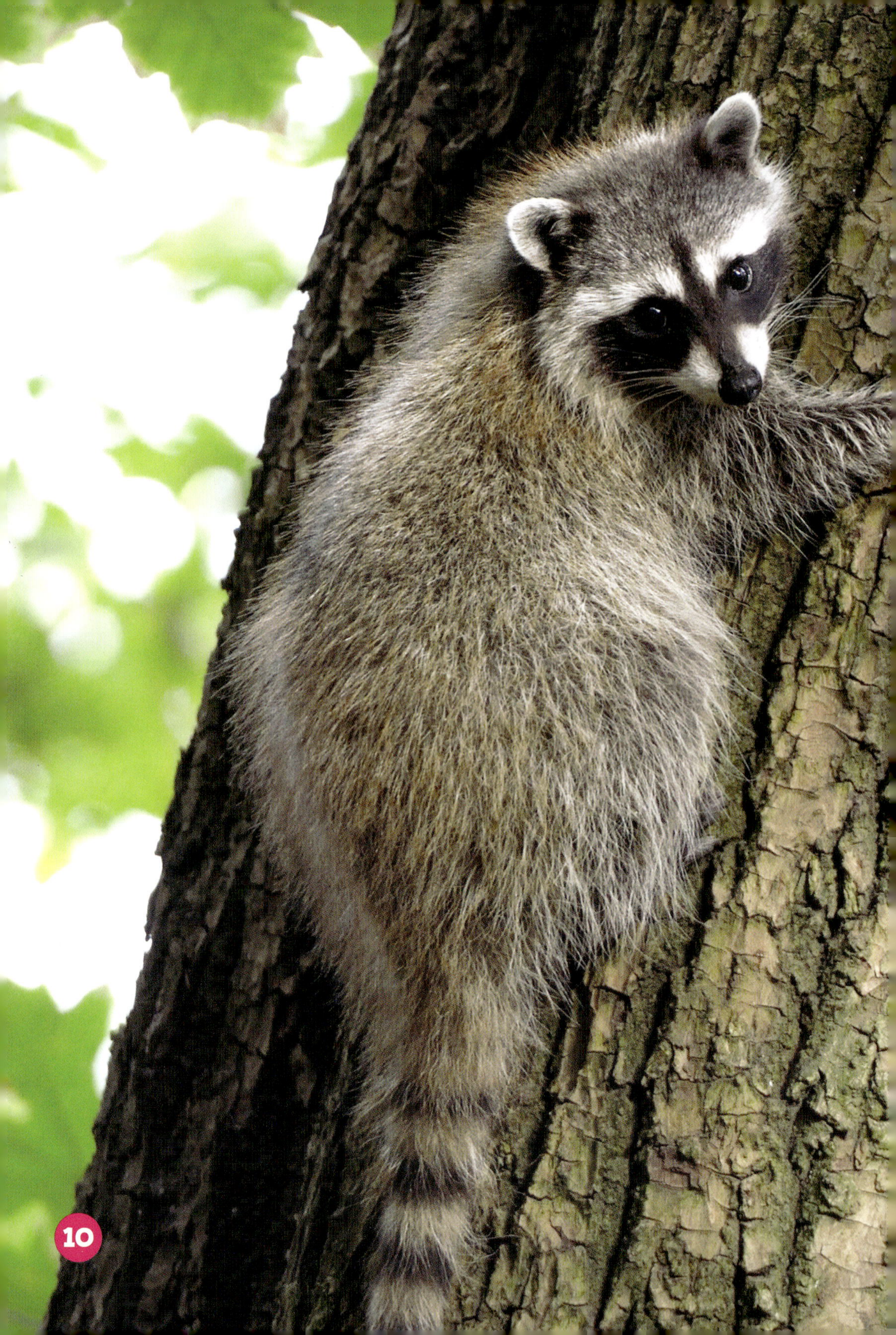

Se sube hasta arriba del árbol.

12

Duerme en el árbol.

Baja por la noche.

¡Busca más comida!

¡REPASEMOS!

¿Qué está haciendo este mapache?

ÍNDICE

come 8
comida 7, 15
duerme 13
nada 6

patas 8
pelusa 4
sube 11
toma 3